• 과학 교과서 관련 •

4학년 2학기
1. 밤하늘 관찰

5학년 1학기
2. 태양계와 별

글 서지원

한양대학교를 졸업하고 《문학과 비평》에 소설로 등단해, 지식과 교양을 유쾌한 입담과 기발한 상상력으로 전하는 이야기꾼입니다. 지식 탐구 능력과 창의적인 문제 해결 능력을 스토리텔링으로 풀어낸 책 300여 종 중에서 중국, 대만, 일본 등에 수십 종의 책이 수출되었고, 서울시 올해의 책, 원주시 올해의 책, 문화체육관광부와 한국도서관협회가 뽑은 우수문학도서 등에 선정되었습니다. 초등 수학 교과서를 집필했고, 4학년 2학기 국어 교과서에 동화가 수록되었습니다. 현재 초등 교과서 집필진입니다. 쓴 책으로는 《빨간 내복의 초능력자 (시즌 1~2)》, 《마지막 수학전사 1~5》 등이 있습니다.

그림 이진아

'십만원영화제'의 포스터 디자인을 시작으로 여성영화제, 인디다큐페스티발, 인디애니페스트 등 다양한 문화제와 영화제의 포스터를 그렸습니다. 그 밖에도 프리랜서 일러스트레이터로 다양한 작업을 하고 있습니다.
그린 책으로는 《생각이 크는 인문학》 시리즈, 《그릉 그릉 그릉》, 《나쁜 고양이는 없다》, 《빨간 내복의 초능력자 (시즌 1~2)》, 《산이 부른다 1, 2》 등이 있습니다. 작가의 인스타를 방문하면 더 다양하고 재미있는 일상툰을 만날 수 있습니다.
www.instagram.com/altodito

감수 와이즈만 영재교육연구소

창의 영재수학과 창의 영재과학 교재 및 프로그램을 개발했습니다. 구성주의 이론에 입각한 교수학습 이론과 창의성 이론 및 선진 교육 이론 연구 등에도 전념하고 있습니다. 국내 최고의 사설 영재교육 기관인 와이즈만 영재교육에 교육 콘텐츠를 제공하고 교사 교육을 담당하고 있습니다.

빨간 내복의 코딱지히어로

코딱지히어로

❼ 반짝이는 별과 우주

1판 1쇄 인쇄 2025년 9월 12일 | 1판 1쇄 발행 2025년 9월 30일

서지원 글 | 이진아 그림 | 와이즈만 영재교육연구소 감수

발행처 와이즈만 BOOKs | **발행인** 염만숙
출판사업본부장 김현정 | **편집** 김예지 양다운 이지웅
디자인 윤현이 | **마케팅** 강윤현 백미영 장하라

출판등록 1998년 7월 23일 제 1998-000170 | **제조국** 대한민국
주소 서울특별시 서초구 남부순환로 2219 나노빌딩 5층
전화 마케팅 02-2033-8987 | **편집** 02-2033-8983 | **팩스** 02-3474-1411
전자우편 books@askwhy.co.kr | **홈페이지** mindalive.co.kr | **사용 연령** 8세 이상

ISBN   979-11-994178-2-3   74400
          979-11-90744-96-6 (세트)

ⓒ 2025 서지원 이진아
이 책의 저작권은 서지원 이진아에게 있습니다.
저자와 출판사의 허락 없이 내용의 일부를 인용하거나 발췌하는 것을 금합니다.
잘못된 책은 구입처에서 바꿔드립니다.
• 와이즈만 BOOKs는 (주)창의와탐구의 출판 브랜드입니다.

초능력 과학동화

빨간 내복의
코딱지히어로

서지원 글 | 이진아 그림 | 와이즈만 영재교육연구소 감수

7 반짝이는 별과 우주

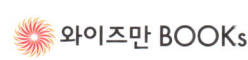
와이즈만 BOOKs

과학을 맛있게 즐기는 방법, 호기심 가득한 눈으로 세상을 봐요!

과학을 무척 좋아하는 어린이 친구가 있었어요. 하지만 학년이 올라가면서 과학과 점점 멀어지게 되었어요. 그리고 한숨을 쉬며 말했어요.

"과학은 신기하고 재미있는 놀이인 줄 알았는데, 과학 수업 시간만 되면 뇌가 돌로 변하는 것 같아요. 어려운 과학 용어만 봐도 생각이 멈춰 버려요."

그렇다고 과학을 이대로 포기해야 할까요? 과학이 어렵게 느껴지는 건 본격적으로 과학 수업 내용에서 '암기'가 시작되는 순간부터일 거예요. 그렇다면 과학의 즐거움을 되찾을 방법은 없을까요?

과학 공부는 교과서로만 하는 게 아니에요. 우리 주변 어디에나 과학 원리가 녹아 있고, 과학 정보가 생생하게 살아 숨 쉬고 있지요. 과학과 친해지는 첫걸음은 우리 주변을 살펴보는 것에서 시작된답니다. 호기심 가득한 눈으로 세상을 바라보는 것이 바로 '관찰'이니까요. 하지만 관찰만으로는 우리의 호기심을 모두 채우지 못할 거예요. 그래서 경험이 필요하지요. 이렇게 세상을 경험하는 과정이 '실험'이랍니다. 관찰과 실험을 통해 과학적 사고력과 탐구력이 쑥쑥 자라게 될 거예요.

그리고 한 가지 더, 과학의 재미를 더해 줄 특별한 친구를 소개해 줄게요. 바로 '빨간 내복의 코딱지 히어로'랍니다. 코딱지 히어로 나유식은 실험과 관찰이 빠진 과학은, '팥이 없는 붕어빵'이라고 할 정도로 실험과 관찰을 좋아해요.

"과학은 암기가 아니야. 과학을 즐기려면 실험과 관찰을 해야 해."

소원을 이뤄 준다는 별똥별이 사실 불타는 돌 조각이라는 사실을 알고 있나요? 매일 보는 태양이 지구에서 얼마나 먼지도요. 게다가 어쩌면 우주 어딘가에 지구처럼 생명체가 살 수 있는 행성도 있을지 몰라요. 우주에 얽힌 과학적 비밀은 별의 개수만큼이나 많답니다.

유식이와 함께 호기심 가득한 눈으로 세상을 바라보고 미스터리한 사건을 해결해 보세요. 그러는 동안 자연스레 과학의 원리까지도 깨닫게 될 거예요. 그럼 모두 초능력자가 될 준비가 되었나요? 이제 악당을 잡으러 출동해 볼까요?

서지원

등장인물

나 나유식은 어느 날 별똥별을 주우면서 초능력이 생겼다. 신기하게도 과학 지식을 하나씩 깨달아 갈 때마다 초능력은 늘어 갔다. 그때 난 결심했다. 초능력을 키워 지구를 구하는 슈퍼 히어로가 되겠다고 말이다. 물론 아직은 코딱지 히어로일 뿐이다. 고작 동네를 지키는 히어로는 시시하다고? 과연 그럴까? 기대해도 좋을걸? 기상천외한 모험과 스펙터클 액션이 펼쳐질 거란 말씀!

나유식

내 이름은 나유식, 별명은 너무식. 칭찬이라곤 받아 본 적 없는 말썽쟁이야. 하지만 내가 피운 말썽은 호기심 때문이라고. 난 호기심이 지독하게 많거든. 이건 비밀인데 사실 나는 아는 게 되게 많아. 단지 내가 알고 있는 게 교과서에 나오지 않아서 억울할 뿐이야.

빨간 내복의 코딱지 히어로

어느 날 하늘에서 떨어진 코딱지만 한 별똥별을 콧구멍 속에 넣은 후부터 초능력자가 되었어. 지금은 비록 우리 동네의 안전과 평화를 지키는 코딱지 히어로일 뿐이지만 언젠가 지구를 구하는 차세대 슈퍼 히어로가 될 몸이야. 사람들은 내 정체를 궁금해해. 너희도 궁금하다고? 나야 나, 나유식!

사이언스 패밀리

우리 가족은 과학으로 똘똘 뭉쳐 있어. 아빠는 발명가의 꿈을 키워 나가는 가전 제품 회사의 연구원이자 유튜버지. 엄마는 고등학교 과학 선생님이야. 그리고 이건 정말 신기한 일인데, 우리 누나는 전교 1등이야. 과학 영재라나 뭐라나.

공자

나와 제일 친한 친구야. 공자의 이름은 '공부를 잘하자'의 줄임말이래. 하지만 공자는 나만큼 공부를 못해. 공자에게서는 늘 좋은 냄새가 나. 바로 짜장면 냄새! 공자네 집은 중국집을 하거든. 공자네 짜장면은 세상에서 제일 맛있어.

송희주

희주는 웃는 얼굴이 예쁘고, 웃음소리가 재미있어. 그리고 똑똑해서 희주가 하는 말에는 늘 귀 기울이게 돼. 그래, 맞아. 나는 희주를 좋아해! 이건 제일 친한 친구 공자에게도 말하지 못한 비밀이야. 너희만 알고 있어야 해!

내 이름은 나유식, 별명은 너무식.

이건 비밀인데, 나는 초능력자다. 그렇다고 태어날 때부터 초능력자는 아니다.

어느 날 밤, 우리 집 마당에 떨어진 별똥별을 콧구멍에 넣은 후로 초능력자가 됐다. 손가락에서 전기가 나오고 투명 인간이 되기도 하고, 눈동자로 텔레비전 채널도 휙휙 돌린다.

다만 아직은 내 마음대로 초능력을 부리지 못한다.

내 초능력은 과학 지식을 하나씩 깨달아 갈 때마다 강해진다. 반대로 과학 지식을 제대로 알지 못하면 초능력도 깜빡깜빡 꺼지곤 한다.

늦은 밤, 나는 혼자 달달 산을 올랐다. 70년 만에 펼쳐지는 유성우 우주 쇼를 조금이라도 더 높은 곳에서 보기 위해서였다.

혼자 간 데에도 다 이유가 있다. 그렇게 많은 별똥별을 볼 수 있다면 한두 개쯤은 주변에 떨어질지도 모르잖아? 코딱지만 한 별똥별 하나로 초능력을 쓸 수 있었으니, 더 큰 별똥별을 줍는다면 그야말로 슈퍼 히어로가 될 게 틀림없었다.

'후우, 아무도 모르게 정상까지 올라가서 별똥별을 줍는 거야.'

그 순간.

"으아아아악!"

나는 깜짝 놀라 펄쩍 뛰었다. 뒤쪽 덤불에서 갑자기 무언가 튀어나온 것이다!

손전등을 번쩍 비추자, 풀잎을 뒤집어쓰고 낄낄대는 두 얼굴이 보였다.

"반가워, 너무식 님!"

공자가 이상한 포즈를 취하며 인사를 했다.

내가 숨을 헉헉 몰아쉬며 어떻게 온 거냐고 묻자, 희주는 고개를 살짝 갸웃하며 말했다.

"음, 네가 점심시간에 '70년에 한 번뿐인 템펠-터틀 유성우 쇼!' 같은 걸 검색한 걸 봤고……."

"맞아, 달달 산 기온이 몇 도까지 떨어지는지도 검색하더라고."

공자가 팔짱을 끼고 덧붙였다.

"그리고 뭣보다, 네가 별똥별을 줍겠다며 혼잣말하는 걸 들었걸랑."

공자는 내 목소리를 따라 하며 낄낄거렸다. 나는 머쓱해져서 뒷머리를 긁적였다.

"근데 별똥별에 소원 빌면 진짜 이뤄지는 거 맞지? 별똥별 하나당 소원 하나면……."

욕심보소…

"오늘 수백 개는 빌 수 있을지도 몰라. 흐흐흐."

"별똥별은 혜성이나 소행성에서 떨어진 돌멩이가 지구 대기로 들어오면서 불타는 것뿐이야. 그런 돌멩이한테 소원을 빈다고 이뤄지겠어?"

희주는 어두운 산길을 차분하게 걸으며 설명했다.

"그래도 난 빈다. 공짜잖아."

공자는 어깨를 으쓱이며 다시 눈을 하늘로 향했다.

드디어 정상에 도착한 순간, 하늘 저편이 번쩍하며 찢어지듯 갈라졌다.
　순간 검푸른 밤하늘 위로 은빛 불꽃이 꼬리를 그으며 쏟아져 내렸다. 별똥별들이 사방으로 흩날리며 폭죽처럼 터졌고, 길게 그어진 빛의 선들이 마치 밤하늘에 금을 긋는 듯 반짝였다.

'아차, 이렇게 구경만 할 때가 아니야.'

나는 눈을 감고, 더 강한 초능력이 생기게 해 달라고 마음속으로 빌었다.

고개를 돌리니, 희주도 눈을 감고 조용히 입술을 달싹이고 있었다.

그 옆에서 공자는 두 손을 꼭 모으고 뭔가를 계속 중얼거렸다. 가만히 들어 보니, 진지한 목소리로 음식 이름을 랩처럼 쏟아 내고 있었다.

내가 어이없다는 듯 묻자 공자는 눈도 안 뜨고 말했다.
"말 시키지 마. 까먹었잖아. 난 내가 좋아하는 모든 메뉴를 날마다 먹을 수 있게 해 달라고 비는 중이라고. 어디까지 했더라? 깐풍새우, 라조기……."

공자가 메뉴를 수백 가지 읊는 동안, 별똥별로 일렁이던 하늘은 어느새 캄캄한 밤하늘로 돌아갔다.

우리는 어두운 산길을 내려가기 위해 배낭에서 손전등을 꺼냈다. 공자가 손전등 불빛을 이리저리 비춰 보았다.
"휴, 다행이다. 그래도 손전등 덕에 무섭지는 않네."
하지만 말하기가 무섭게 팍, 하는 소리가 나더니 불빛이 꺼지며 주변이 온통 어둠으로 뒤덮이고 말았다.

　내 말이 채 끝나기도 전에 희주와 공자는 벌써 산 아래로 내달리고 있었다. 나만 두고 도망치다니, 이 겁쟁이들!
　물론 나는 초능력자니까, 귀신이 나타나도…… 안 무서울…… 거다. 아마도.
　"얘들아, 어디까지 간 거야? 나 혼자 두고 가지 마!"
　나는 친구들을 따라 산 아래로 달려갔다.

얼마쯤 가자, 어디선가 환한 빛이 쏟아지기 시작했다. 그 빛은 달달 산 아래, 달달 공원 정문 쪽에서 흘러나오고 있었다.

"맞다, 저기 24시 무인 체험관이 있지? 우주선 모양으로 생긴 간다 호!"

희주의 말에 공자가 반가운 듯 맞장구를 쳤다.

"일단 저기로 가자! 귀신은 저렇게 환한 곳까진 못 따라올 거야."

간다 호는 진짜 우주선처럼 생겼다. 둥글고 매끈한 은빛 몸체에 빙글빙글 돌아가는 돔 천장을 갖췄고, 네모난 문은 SF 영화 속 우주 정거장처럼 옆으로 '쉬익' 하고 열렸다.

간다 호는 어느 날 갑자기, 외계인이 착륙하듯 소리 소문 없이 세워졌다.

우리 학교에서 가장 먼저 간다 호에 다녀왔던 아이는 바로, 우리 반 반장이면서 뭐든지 아는 척하고 참견하길 좋아하는 김치곤이다.

치곤이가 동네방네 자랑하고 다닌 덕분에 간다 호는 엄청난 핫 플레이스가 되어 버리고 말았다.

나도 한때 희주, 공자와 함께 간다 호를 타고 싶어서 줄을 서 본 적이 있었다. 하지만 줄이 어찌나 길었던지 공자가 도저히 못 견디겠다며 '짜장면!' 하고 부르짖는 바람에 우주선을 뒤로하고 공자반점으로 향할 수밖에 없었다.

"히야, 드디어 여기 들어와 보네!"
공자는 주변을 두리번거리며 구경하면서 감탄했다.
"깊은 밤에 오니까 여기가 이렇게 한산할 줄이야."
희주도 입꼬리를 씰룩이며 말했다.
"앞으로도 우주선을 타고 싶으면 밤에 와야겠어."
입을 다물지 못하는 우리 앞으로 안내 로봇이 매끄럽게 다가왔다. 눈에는 파란 불빛이 오묘하게 반짝였다.
로봇은 정확하고 친절한 목소리로 안내했다.

승객 여러분, 우주여행을 원하시면 이쪽으로 오십시오.

조종실에 들어서자, 천장과 벽은 전부 둥글게 이어진 돔 스크린으로 되어 있었다. 밤하늘처럼 까만 화면 위엔 별들이 총총 떠 있었고, 발밑은 매끄러운 유리처럼 반사되어 마치 우주 속에 우리가 붕 떠 있는 느낌이었다.

의자에 앉자, 부드러운 진동이 엉덩이를 간질였고, 머리 받침대에선 낮게 우우우, 하는 기계음이 흘러나왔다.

'간다, 간다, 간다 호가 간다.'

신나는 노래와 함께 환상적인 우주여행이 시작됐다. 눈앞에 펼쳐진 짜릿한 풍경에 자연스레 기분이 들떴다.

희주와 공자는 신이 나서 노래를 따라 부르며 창밖으로 보이는 별과 행성을 구경했다. 어쩐지 나도 입이 근질거리는걸? 그런데…….

갑자기 콧구멍 속의 별똥별이 타오를 듯 뜨겁게 달아올랐다. 콧구멍을 벌름거리며 혀를 집어넣어 별똥별을 식혀 보려 했지만…… 아, 내 혀는 왜 이렇게 짧은 거야!

나는 콧김만 쉬익쉬익 뿜을 뿐, 우주여행에 도저히 집중할 수가 없었다.

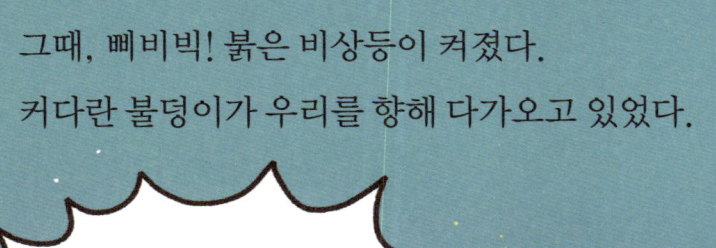

우주선이 기울더니 소행성이 코앞에 나타났다. 우주선이 고장 난 세탁기처럼 심하게 흔들렸다.
"헉, 부딪힌다! 3, 2, 1!"

"다들 괜찮아?"

"우와, 대박! 의자가 들썩거리는 4DX 영화관보다 백 배는 더 실감 나는데?"

공자가 부스스 일어나며 웃었다. 희주는 간신히 일어서며 이마를 짚었다.

"난 멀미가 나려고 해."

나는 코를 움켜쥐며 중얼거렸다.

"으으, 콧구멍 속이 아직도 화끈거려."

"한 번 더 타고 가자! 이렇게 줄 안 서고 탈 수 있는 기회가 또 언제 오겠어?"

공자는 우주 여행이 무척이나 마음에 든 눈치였다.

공자는 진지하게 고민하는 얼굴로 고개를 끄덕이더니, 풀이 죽은 채 문 쪽으로 걸어갔다.

태양계 가족을 찾아라!

아래 힌트를 보고, 그림 속에서 태양계 가족의 구성원을 찾아 번호를 써 보세요.

① **태양** : 중심에서 행성들을 거느리고 있어. 제일 크고 빛나!
② **수성** : 가장 작고, 태양 옆에 바짝 붙어 있어.
③ **금성** : 노란색 얼굴에 땀이 송골송골한 찜통 행성이야.
④ **지구** : 우리가 사는 곳! 파란색 바다와 초록색 땅이 보여.
⑤ **화성** : 붉은 먼지가 얼굴에 쌓여 있어.
⑥ **목성** : 몸집이 엄청 큰 데다, 예쁜 줄무늬도 있지!
⑦ **토성** : 고리 목걸이를 한 패셔니스타야!
⑧ **천왕성** : 옆으로 누워서 자는 잠꾸러기야.
⑨ **해왕성** : 엄청난 속도의 바람이 불어서 늘 헤롱헤롱해.

다음 날, 학교에 도착하자 공자가 어제 일을 꺼냈다.

"너무 실감 나지 않았어? 꿈에서도 소행성이 나 쫓아왔잖아. 으아, 얼마나 무서웠다고!"

"소행성이 아니라 탕수육이었던 거 아냐? 그것도 아니면 깐풍기라거나."

희주가 콧방귀를 뀌었다.

둘이 티격태격할 동안 나는 다른 얘기를 꺼냈다.

"얘들아, 우주여행하고 오니까 어쩐지 우주인 박사님이 생각나지 않아? 박사님 가게에 가 볼까?"

"좋아! 어린 왕자 장난감 가게는 언제 가도 재밌는 게 많단 말이지."

학교를 마치고 장난감 가게에 들어서자 낑낑대며 우주복을 벗는 우주인 박사님이 보였다.

박사님은 한참을 씨름하다가 뽕, 소리와 함께 겨우겨우 헬멧을 벗었다.

"박사님, 저희 왔어요."

"오, 어서 와라. 아휴, 헬멧이 머리에 쏙 박혀서 도저히 안 빠지더라고. 다음엔 XXXXL 사이즈로 사야겠어."

박사님은 땀을 닦으며 웃었다.

우주인 박사님은 마치 우주에서 날아온 사람처럼 생긴 친절하고 다정한 어른이다. 우주선이 그려진 트럭을 타고 다니며 아이들에게 신기한 마술도 보여 준다.

"얘들아, 오자마자 미안한데 내가 지금 급히 고향 친구를 만나러 가려던 참이거든? 아주 잠깐만 가게 좀 맡아 줄 수 있을까?"

우리는 조금 망설이다가 고개를 끄덕였다. 박사님은 고맙다며 로켓처럼 빠르게 어디론가 사라졌다.

장난감 가게를 지키는 일은 우리에게 쉽지 않았다. 손이 근질근질해서 이것저것 건드리고 싶은 게 너무 많았기 때문이다.

닭 인형이 무슨 비밀 장치였던 걸까? 갑자기 공자 주변 바닥이 흔들리더니 덜컹, 하며 열리고 말았다. 공자는 비명과 함께 구덩이 속으로 쏙 빠져 버렸다.

공자를 따라 내려가 보니, 그 안은 마치 진짜 우주선 내부 같았다.

우주 지도, 탐사 계획표, 수상한 기계들, 그리고 엄청난 생수통 더미까지. 공자는 조종석 옆 화면을 보더니 소리쳤다.

[은하시보 속보] 케플러-22b 특파원 보도

〈태양계, 탐사 대상 1순위로 등극!〉
지구 근처의 태양계를 조사하는 '우주인 박사의 대탐사 프로젝트'가 본격 가동됐다. 박사는 3단계 전략을 발표했다.

1단계는 '우주 망원경'으로 먼 거리에서 행성을 몰래 관찰하는 것.
2단계는 '탐사선' 투입! 로켓으로 날아가 행성 근처를 돌며 사진을 찍고 데이터를 수집한다.
마지막 **3단계**는 '탐사 로봇'이 직접 착륙해 현장을 뒤지는 방식이다.

공자는 턱을 만지작거리며 진지한 척 말했다.
"흠, 이제야 우주인 박사님의 정체가 밝혀지는군."
"설마 진짜 외계인?"
희주가 속닥였다.
"아니. 장난감 마니아이신 듯. 장난감을 갖고 노는 어른들이 있다고 하잖아."
공자는 조종석으로 성큼 다가가더니 냅다 앉았다.
"탕수육 쿠폰을 준대도 조종대는 양보 못 해."
공자는 모니터 옆에 있는 버튼들을 마구 눌렀다.

 갑자기 조명에 불이 들어오고, 벽면 모니터들이 하나씩 켜지기 시작했다. 바닥과 벽면 전체가 우주선처럼 부르르 떨렸다.

 설마 진짜 발사라도 되려나? 우렁찬 엔진 소리를 듣고 있으니 약간 불안해졌다.

 공자가 신이 나서 커다란 빨간색 버튼을 누르려던 그때, 조종석 뒤로 누군가 검은 손을 뻗어왔다.

　조종대를 붙잡은 검은 손의 정체는 바로 우주인 박사님이었다. 우주인 박사님은 다급히 모니터 아래에 있는 검정 버튼을 눌렀다. 그러자 들썩들썩하던 우주선의 모든 소리가 순식간에 멈추고, 번쩍거리던 불들이 꺼졌다.
　"휴우. 너희, 여기를 어떻게 알고 들어왔니?"
　박사님은 이마의 식은땀을 닦으며 말했다.

"닭 인형이 있길래 건드렸더니 갑자기 바닥이 열려서……. 허락 없이 들어와서 죄송해요."

내가 대표로 사과하자 우주인 박사님은 한숨을 길게 내쉬고는 진지한 목소리로 말했다.

"여기 있는 것들은 고장이 나서 위험해. 그러니까 절대 함부로 만지면 안 돼. 어서 나가자꾸나."

그렇게 박사님의 손에 떠밀려 밖으로 걸어 나오는데, 문득 벽에 붙어 있는 우주 지도에 눈길이 갔다.

"그, 그건…… 행성을 표시해 둔 거란다."
"무슨 행성이요?"

케플러-22b라는 행성이야. 평균 온도가 섭씨 22도로, 지구랑 비슷해서 생명체가 살기에 적합하지. 그래서 '슈퍼 지구'라고 불러.

우와~ 슈퍼지구!

박사님은 약간 떨리는 목소리로 설명했다.
"오오, 외계인이 사는 별이야?"
어느새 공자와 희주가 끼어들며 눈을 번뜩였다.
"외계인이 있을 가능성은 있단다. 생명체가 살기에 좋은 조건을 갖췄으니까."

"자자, 외계인 얘긴 그만하고, 별자리 보고 싶지 않니?"
"와! 너무 좋아요!"
박사님은 공자와 희주의 반응에 다행이라는 듯 한숨을 쉬더니, 허둥지둥 우리를 천체 만원경 앞으로 이끌었다.
"앗, 저 별자리는 짜장면 모양이에요!"
천체 만원경을 들여다보던 공자가 소리쳤다. 희주도 고개를 들이밀고는 고개를 끄덕였다.
"진짜네. 면발이 은하수처럼 뻗어 있어."
공자는 눈을 반짝이며 침을 튀기듯 말했다.
"틀림없이 짜장면을 좋아하는 외계인이 만든 별자리야. 이름하여, '우주 맛집 자리!'"

그때 우주인 박사님이 부드러운 목소리로 말했다.
"너희도 별자리를 만들 수 있어. 한번 그려 볼래?"
"우리가요?"
"그럼. 저 별들을 바라보며 그리고 싶은 별자리를 허공에다 마음껏 그려 보렴."

희주는 현미경 모양의 별자리를, 공자는 후라이드 치킨과 콜라가 함께 있는 '우주 치킨 자리'를 만들었다. 나는 우리 집 지붕 위에 가족이 나란히 누워 밤하늘을 올려다 보는 '우리 집 마당 자리'를 그렸다.

북극성을 찾아라! 별자리 탐험 미션

북극성은 언제나 북쪽 하늘에 떠 있어 방향을 찾을 때 써. 하지만 밝지 않아 혼자 찾기 어렵기 때문에 도와주는 별자리가 필요하지!

① 첫 번째 도우미는 북두칠성!
국자 모양 끝 두 별을 이어 그 선을 5배쯤 연장하면, 그 끝에 있는 별이 바로 북극성이야!

② 두 번째 도우미는 카시오페이아자리!
W나 M 모양인 이 별자리의 양 끝 별을 이어 같은 방법으로 연장해도 북극성을 찾을 수 있어. 북두칠성 반대편 하늘에 떠 있어!

☆ 방향 찾기 팁!
북극성을 바라보면 앞이 북쪽, 오른손이 동쪽, 왼손은 서쪽, 등 뒤는 남쪽! 별자리를 이용하면 나침반 없이도 쉽게 방향을 찾을 수 있지!

그 순간, 갑자기 머릿속이 시원해졌다. 누가 머릿속에 파스를 붙여 준 것 같은 느낌이었다.

펑펑펑! 팡팡팡! 펑팡펑풍팡!

머릿속에서 빛의 폭죽이 터졌다.

'아, 이건! 맞아! 초능력이 오는 느낌이잖아!'

과학 지식을 깨달으면 관련된 초능력이 생긴다. 우주, 별, 행성을 알면 어떤 능력이 생길까? 설마 내가 별이 되는 건 아니겠지?

토요일 오후, 아이들이 뛰노는 소리로 활기찬 우리 마을에 어딘가 익숙한 노래가 울려 퍼지기 시작했다.
'간다, 간다, 간다 호가 간다.'
노랫소리는 놀이터에 있던 아이들이 모두 들을 수 있을 만큼 컸다.

갑자기 김치곤을 비롯한 아이들의 눈빛이 하나둘 초점을 잃고 흐려졌다. 희주와 공자도 눈이 얼어붙은 듯 멍한 표정이 되었다.

"얘들아, 왜 그래?"

내가 다급히 물었지만 아이들은 반응하지 않고 무표정하게 간다 호를 향해 걸어갔다.

아이들은 마치 최면에 걸린 것처럼 조용히 간다 호 앞에 줄지어 섰다.

"여기서 뭐 하는 거야?"

내가 소리쳤지만 대답은 없었다.

그때 간다 호 뒤편 스크린에 눈이 세 개 달린 외계인의 모습이 나타났다. 이어서 기계음 같은 안내 음성이 들려왔다.

목소리를 들은 아이들은 같은 말을 중얼거리며 동네를 돌아다녔다.

"간다, 간다, 세눈박이 외계인을 찾으러 간다!"

갑작스런 상황에 나는 어안이 벙벙했다.

한 시간이 흐르고, 다시 노래가 울리자 아이들의 눈빛이 서서히 돌아오기 시작했다.

아이들은 혼란스러운 표정으로 집에 돌아갔다. 하지만 그건 시작일 뿐이었다. 그날 이후, 아이들은 점점 이상한 행동을 보였다. 정신을 차려 보면 자꾸만 낯선 곳에 있었다고 했다.

별자리의 모양은 각양각색, 만들기 나름!
선을 이어서 어떤 별자리가 만들어지는지
확인해 보세요.

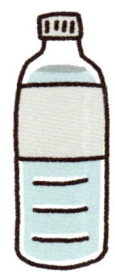

"안 되겠어. 아이들을 구하려면 나, 빨간 내복의 코딱지 히어로가 직접 나서는 수밖에."

그날부터 나는 빨간 내복을 옷 속에 감춰 입고 공자와 희주가 어딜 가든 그림자처럼 따라다녔다.

"아, 진짜 지겨워, 그만 좀 따라다녀!"

공자가 발끈하며 소리쳤다. 희주도 곁에서 팔짱을 끼고 말했다.

"또 따라왔어? GPS라도 심었니?"

하지만 나는 눈 하나 깜짝하지 않고 대꾸했다.

"안 돼, 내가 너희를 지켜야 한단 말이야."

해가 뉘엿뉘엿 저물던 그날 저녁.

희주, 공자와 집으로 돌아가는데 멀리서 불빛이 번쩍거리더니 노래가 들려왔다.

'간다, 간다, 간다 호가 간다'
나는 주먹을 불끈 쥐었다.
"다시 시작됐어."
그 순간, 공자와 희주의 눈빛이 순식간에 멍해졌다. 둘은 두 팔을 앞으로 쭉 내민 채 좀비처럼 스르르 걸어가기 시작했다.

거리 곳곳에서 아이들이 우르르 쏟아져 나왔다. 눈빛은 모두 멍하고 두 팔은 앞으로 뻗은 채였다.
"간다, 간다, 간다 호로 간다……."
건물에서, 집에서, 놀이터에서. 아이들이 줄줄이 흘러나와 하나같이 간다 호 쪽으로 향했다.
'뭔가에 홀린 것 같아.'
아이들을 구할 방법을 찾기 위해 나는 아이들 틈에 섞여 일부러 멍한 표정을 지으며 걸었다. 그들처럼 흉내를 내야 정체를 들키지 않을 것 같았다.

간다 호 앞에는 우리 반 아이들이 거의 다 모여 있었다. 하지만 한 명, 빠진 아이가 있었다.

강세종. 다리를 다친 세종이는 휠체어를 타고 다닌 탓에 간다 호를 타 보지 못했다.

'공통점은 하나. 다들 간다 호를 탔다. 그런데 나도 탔잖아? 왜 나만 멀쩡하지?'

나는 이 기이한 사건의 조각들을 머릿속에서 맞춰 보기 시작했다.

그때, 간다 호를 탔던 기억이 번쩍 떠올랐다.

안에선 계속 노래가 흘러나왔고, 공자와 희주는 그 노래를 따라 불렀다. 하지만 나는 콧구멍 속 별똥별이 갑작스레 뜨거워져서 노래를 부르지 못했다.

맞아! 그건 위험 신호였어! 다른 애들은 노래를 따라 부르며 최면에 걸렸지만, 난 별똥별이 위험 신호를 보내서 무사했던 거야!

번쩍! 우주선 뒤에 세워진 커다란 스크린에 세눈박이 외계인의 모습이 나타났다. 최면에 걸린 아이들은 일제히 손뼉을 치며 외쳤다.

지시를 들은 아이들은 마치 프로그래밍된 것처럼 뿔뿔이 흩어졌다. 세눈박이 외계인을 찾으라니…… 정말 우리 마을 어딘가에 외계인이 있기라도 한 걸까?

나는 서둘러 빨간 내복으로 갈아입고 희주와 공자를 찾으러 갔다. 그런데 겨우 발견한 희주와 공자는 신호등을 무시한 채 도로를 건너고 있었다!

그 순간, 내 콧구멍 속 별똥별 코딱지가 화르륵! 불붙은 고구마처럼 달아올랐다. 동시에 머릿속에서 회오리바람이 휭! 몰아쳤다.

'왔다! 초능력이야!'

이번 초능력은…… 바로 행성 초능력!

'제발, 공자랑 희주를 구해야 해!'

나는 태양을 중심으로 돌고 도는 행성처럼 빠르게 궤도를 그리며 날아갔다. 머릿속에서 수성, 금성, 지구, 화성이 궤도를 그리며 맹렬하게 돌았다.

나는 공자와 희주를 번개처럼 낚아채 안전한 곳으로 옮길 수 있었다.

하지만 문제는 그 다음이었다.

최면에 걸린 두 사람은 계속 앞으로 가려고 발버둥을 쳤다. 나는 머리를 굴렸다. 도대체 어디에 넣어야 잠시라도 안전할까?

바로 그때! 뇌 속에서 반짝, 하고 별이 터졌다.

'그래, 몽글몽글 동물원!'

얼마 전에 인어가 살고 있다는 헛소문으로 뉴스까지 탔던 곳! 나는 둘을 살금살금 알파카 우리 안에 내려놓았다.

얼굴에 침이 흐르는 것도 모르고 희주와 공자는 울타리를 붙잡고 흔들었지만, 울타리는 꿈쩍도 하지 않았다.

희주와 공자가 안전한 것을 확인한 나는 곧장 다른 아이들을 구하러 뛰어갔다. 아이들은 정신을 잃은 탓인지 제각기 위험에 처해 있었다.

다리 난간에서 균형을 잃은 아이, 웅덩이에 빠질 뻔한 아이, 남의 집 담장을 넘어가다 개에게 물릴 뻔한 아이까지 하나둘씩 구조 완료!

아이들이 웅성거리며 달달 산으로 향했다. 나는 나무 위로 휙휙 올라타며 아이들을 제치고 산을 뛰어올랐다.

높은 나무 꼭대기에서 아래를 내려다보니, 커다란 바위 뒤에 뭔가 꿈틀거리고 있었다.

침을 꿀꺽 삼키며 바위 뒤로 살금살금 다가갔다.

　바위 뒤에 숨어 있던 건 다름 아닌 박사님이었다. 그런데 박사님의 모습은 충격 그 자체였다. 눈 밑은 시꺼멓게 꺼지고, 피부는 마른 두부처럼 쭈글쭈글했다. 입술은 갈라져 부르르 떨렸고, 온몸은 둘둘 감긴 마른 종이처럼 바싹 말라 보였다.
　박사님은 나를 보자 숨이 턱 막힌 듯 헐떡거렸다. 나는 천천히 빨간 내복의 두건을 벗었다.

"너, 너는…… 유식이?"

"설마 박사님, 진짜 외계인이세요?"

"넌 간다 호를 타지 않았어? 어떻게 스핑크스의 최면에 안 걸린 거지?"

"간다 호는 탔지만, 저만 안 걸렸어요."

우주인 박사님은 못 믿겠다는 눈초리로 나를 위아래로 살펴봤다. 나는 바짝 다가가 눈 밑을 손가락으로 쭉 잡아당겼다.

"보세요, 이 초롱초롱한 눈빛!"

박사님은 떨떠름한 표정으로 마지못해 고개를 끄덕였다.

　나는 박사님을 등에 업고 산꼭대기를 향해 전속력으로 뛰었다. 발밑에서 낙엽이 바스락바스락 소리를 냈고, 이마엔 땀이 송골송골 맺혔다.

　산 정상에는 예전에 가족과 함께 피서를 왔을 때 발견한 비상 대피소가 있었다. 나는 조심스럽게 철문을 열었다.

　다행히 안은 비어 있었다. 곰팡내가 확 풍겼지만, 쉴 곳이 있다는 것만으로도 안심이 됐다.

그러자 놀라운 일이 벌어졌다.

낙엽처럼 바짝 마르고 시꺼멓던 얼굴이 스펀지가 물을 흡수하듯 스르륵 윤기를 되찾더니, 원래의 생기 넘치는 얼굴로 변했다.

박사님이 정신을 차리자 한숨을 돌린 나는 아까 제대로 묻지 못한 얘기를 다시 꺼냈다.

"박사님, 아이들이 찾는 그 외계인…… 박사님인 거죠?"

박사님은 잠깐 머뭇거리더니 슬쩍 고개를 끄덕였다.

"진짜 외계인이었어요? 지구엔 왜 오신 거예요? 설마 침략…… 그런 건 아니죠?"

"푸흐, 침략은 무슨. 당연히 물 마시러 왔지!"

"네?"

너무 어이없어서 눈만 깜빡였다.

평소 같았으면 농담이라며 깔깔 웃었을 텐데, 생수 10병을 순식간에 들이켜고 되살아나는 박사님을 직접 본 지금, 그 말을 안 믿을 수가 없었다.

밖에서 웅성거리던 소리가 점점 잦아들더니, 어느새 고요해졌다.

"지금이야."

우리는 조심조심 숨어 어린 왕자 장난감 가게의 비밀 지하실로 들어갔다. 겨우 숨을 돌린 나는 물었다.

"휴, 이제 좀 안심돼요. 그런데 박사님, 아이들은 세눈박이 외계인을 찾고 있는데, 박사님 눈은 두 개잖아요?"

"그래, 나는 케플러-22b 행성에서 왔어."

박사님은 벽에 걸린 우주 지도를 가리켰다. 나도 모르게 꿀꺽, 침을 삼켰다.

"전에 말씀하신 그 케플러-22b요?"

"그래. 지구보다 2.4배쯤 큰 행성이지. 태양계를 닮은 케플러 22계에 속해 있고, 태양 같은 중심별 주위를 290일마다 한 바퀴 도는, 딱 살기 좋은 곳이야."

"지구는 1년이 365일인데, 케플러는 290일밖에 안 되네요?"

"맞아. 케플러-22b는 중심별이랑 더 가까워서 지구보다 한 해가 짧거든."

1년이 365일이 아닌 곳도 있다니, 무척 신기했다.

박사님은 기계 스위치를 눌렀다. 공중에 에메랄드빛 물결이 출렁이며 바다 영상이 펼쳐졌다.

"우와······."

케플러-22b의 아름다운 바다에 이어 숲과 절벽, 흙냄새 나는 땅도 모습을 비추었다.

지구와 어딘가 닮은 듯하면서도 또 다른 모습에 감탄이 끊이질 않았다. 올록볼록한 나무부터 괴상하게 생긴 물고기까지, 영상 속 세상에서는 수많은 생물이 저마다 생기를 뽐내며 뛰노는 듯했다.

우주에서 생명체가 살기에 알맞은 곳을 '골디락스 존'이라고 부른단다. 너무 덥지도 춥지도 않은, 딱 좋은 곳이지. 그런 행성들이 우주 여기저기에 퍼져 있어.

나는 눈을 반짝이며 다시 물었다.

"그런데 지구엔 우주에서 날아오는 소행성 등을 감시하는 장치들이 많잖아요? 외계인 우주선이 들어오면 바로 걸릴 텐데……."

박사님이 씨익 웃으면서 말했다.

"와! 그러면 박사님 우주선은 진짜였던 거예요?"
"그렇지."

그 말을 듣고 나니 박사님의 우주선이 전혀 다르게 보였다. 그건 더 이상 단순한 장난감이 아닌, 외계 과학 기술의 결정체였다. 내 가슴이 콩닥콩닥 뛰기 시작했다.

"그런데요, 박사님. 아이들을 조종하는 간다 호는 도대체 정체가 뭐예요? 왜 박사님을 쫓는 건가요?"

내 질문에 박사님은 잠시 망설이는 듯하더니, 천천히 자리에서 일어나 컴퓨터 앞에 앉았다. 그리고 동영상 파일 하나를 클릭했다.

삐익, 하는 소리와 함께 화면 속에 최첨단 건물의 실험실이 드러났다.

유리 상자 속엔 세눈박이 외계인이 단단한 족쇄에 묶인 채 덜덜 떨고 있었다. 바싹 마른 몸은 종이 뭉치처럼 쪼그라들어 보였다.

외계인은 고통에 찬 비명을 내지르며 몸부림쳤다. 하지만 손목과 발목을 감싼 금속 족쇄는 꼼짝도 하지 않았다. 저벅저벅, 무거운 발소리와 함께 고양이 눈이 새겨진 스핑크스 문양의 옷을 입은 조직원이 조용히 걸어 나왔다.

조직원은 책상 위에 놓인 네오디뮴 자석 팔찌를 집어 들며 씨익 웃었다.

"좋은 말로 하려 했는데 말이 안 통하는군."

그가 버튼을 누르자, 유리 상자 옆에서 시원한 물줄기가 분수처럼 솟아올랐다.

하지만 외계인은 부르르 떨면서도 고개를 절레절레 저었다.

"안 돼! 절대 안 돼! 너희 같은 자들이 케플러의 과학 기술을 손에 넣으면, 지구는 멸망하고 말 거야!"

힘이 빠진 외계인은 버티지 못하고 푹 쓰러지고 말았다.

"허, 기절해 버렸네."

조직원은 투덜거리며 쓰러진 외계인에게 다가갔다.

"벌써 쓰러지면 어떡해? 이제 겨우 시작인데."

그 순간, 실험실 가장 뒤편 캄캄한 어둠 속에서 낮고 위압감 있는 목소리가 들려왔다.

"내가 받은 영상은 여기까지야."

나는 너무 충격을 받아 입이 떨어지지 않았다.

"그…… 아까 고문당하던 외계인도 박사님의 친구예요?"

"그래. 나와 가장 친한 친구였지."

"그 친구는 지금 어디 있어요? 어떻게 됐나요?"

박사님은 후우, 깊은 한숨을 내쉬었다.

"며칠 동안 물을 못 마시면 우린 종잇장처럼 말라붙어. 내 친구는 신문지처럼 얇게 쪼그라들었지만, 간신히 탈출했어. 놈들 눈을 피해 영상을 훔쳐 왔지. 연처럼 바람을 타고 이 장난감 가게까지 날아들었을 땐 정말이지 바스러질 것 같았단다."

"설마 그 친구 분은…….."

나는 조심스럽게 고개를 떨구며 물었다. 박사님의 눈매가 살짝 흔들리더니 눈물이 줄줄 흘렀다.

나는 조용히 박사님 옆으로 가 박사님 어깨에 손을 얹었다. 그런데…….

"끄으억, 졸려서 그런지 자꾸 하품이 나네."

"네? 슬퍼서 우시는 거 아니었어요?"

나는 어이없는 표정으로 박사님을 바라봤다. 박사님은 뺨을 타고 흐른 눈물을 쭙, 하고 핥더니 진지한 표정으로 말했다.

"아니, 슬프긴 무슨. 이 귀한 물을 흘리다니! 흑."

"……네?"

"아무튼, 스핑크스는 외계인을 잡아 고문해서 기술을 뽑아내려는 녀석들이야. 간다 호의 정체는 바로 스핑크스가 외계인을 잡기 위해 설치한 최면 장치지."

"정말 못돼 먹은 악당들이군요! 그런 계획을 위해 외계인을 고문하고 아이들을 위험에 빠뜨리다니!"

나는 빨간 내복의 코딱지 히어로로 변신하고, 박사님은 장난감 총으로 무장했다. 우리는 아이들의 눈을 피해 간다 호로 조심스럽게 다가갔다. 입구엔 로봇들이 삼엄하게 경비를 서고 있었다.

박사님의 장난감 총에서 반짝이는 레이저가 번쩍! 로봇들이 우르르 쓰러지며 연기를 뿜었다.

"우와! 진짜 대박이에요, 박사님!"

"하하, 그냥 장난감이 아니란다. 이건 로봇 전용 무기야. 우리 행성에서 로봇 전쟁 때 썼지."

하지만 감탄도 잠시, 우리가 안에 들어서자마자 귀청이 찢어질 듯한 경고음이 울렸다.

"침입자 발견! 침입자 감지! 간다 호 방어 개시!"
삐이익! 삐이이이익!
'위이잉' 소리와 함께 조종실 문이 양쪽으로 쫘악 열리더니, 그 안에서 수십 대의 로봇이 우르르 쏟아져 나왔다.
로봇들은 사정없이 레이저를 퍼부으며 우리를 포위해 왔다.

기계들이 타들어 가고, 바닥은 벌겋게 달아올라 연기를 뿜었다.
"간다 호가 폭발할 거예요. 박사님, 어서 탈출해요!"
나는 박사님의 손을 붙잡고 간다 호에서 튕겨 나오듯 몸을 날렸다.
쿠앙! 쾅쾅콰아앙!
간다 호는 로봇들과 함께 불길을 뿜으며 산산조각이 났고, 희뿌연 먼지와 연기가 공기 중에 자욱하게 퍼졌다.

"휴우, 끝났다. 진짜 끝났다구!"

나는 안도의 숨을 '푸우' 내쉬며 바닥에 털썩 주저앉았다.

그 모습을 지켜보던 박사님이 조용히 말했다.

"네 덕분에 고비를 넘겼구나. 그치만 스핑크스는 쉽게 물러나지 않을 거야. 반드시 다시 나타날 테지."

나는 주먹을 불끈 쥐었다.

"그렇다면, 우리도 절대 물러서지 말아요. 저, 빨간 내복의 코딱지 히어로가 마을을 지켜낼 거니까요!"

간다 호가 사라진 공터 위로 은은한 달빛이 내려앉았다. 반짝이는 별들과 함께 마을은 다시 평화를 되찾았다.

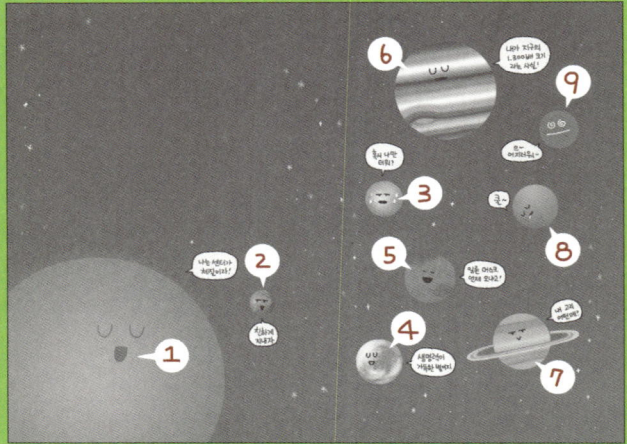

30쪽

54쪽